1,000,000 Books
are available to read at

Forgotten Books

www.ForgottenBooks.com

Read online
Download PDF
Purchase in print

ISBN 978-0-428-37701-4
PIBN 11322882

This book is a reproduction of an important historical work. Forgotten Books uses
state-of-the-art technology to digitally reconstruct the work, preserving the original format
whilst repairing imperfections present in the aged copy. In rare cases, an imperfection in
the original, such as a blemish or missing page, may be replicated in our edition. We do,
however, repair the vast majority of imperfections successfully; any imperfections that
remain are intentionally left to preserve the state of such historical works.

Forgotten Books is a registered trademark of FB &c Ltd.
Copyright © 2018 FB &c Ltd.
FB &c Ltd, Dalton House, 60 Windsor Avenue, London, SW19 2RR.
Company number 08720141. Registered in England and Wales.

For support please visit www.forgottenbooks.com

1 MONTH OF FREE READING

at

www.ForgottenBooks.com

By purchasing this book you are eligible for one month membership to ForgottenBooks.com, giving you unlimited access to our entire collection of over 1,000,000 titles via our web site and mobile apps.

To claim your free month visit:
www.forgottenbooks.com/free1322882

* Offer is valid for 45 days from date of purchase. Terms and conditions apply.

English
Français
Deutsche
Italiano
Español
Português

www.forgottenbooks.com

Mythology Photography **Fiction**
Fishing Christianity **Art** Cooking
Essays Buddhism Freemasonry
Medicine **Biology** Music **Ancient Egypt** Evolution Carpentry Physics
Dance Geology **Mathematics** Fitness
Shakespeare **Folklore** Yoga Marketing
Confidence Immortality Biographies
Poetry **Psychology** Witchcraft
Electronics Chemistry History **Law**
Accounting **Philosophy** Anthropology
Alchemy Drama Quantum Mechanics
Atheism Sexual Health **Ancient History**
Entrepreneurship Languages Sport
Paleontology Needlework Islam
Metaphysics Investment Archaeology
Parenting Statistics Criminology
Motivational

RÈGLEMENT

Portant instruction aux Commandans des bataillons d'Infanterie légère, qui sont chargés de mettre à exécution la nouvelle formation arrêtée par le Roi.

Du 1.er Avril 1791.

DE PAR LE ROI.

ARTICLE PREMIER.

LE Commandant de chacun des douze bataillons de Chasseurs, le fera mettre sous les armes, après en avoir demandé la permission au Commandant de la Place dans laquelle il se trouvera, & fait prévenir le Commissaire des guerres qui en aura la police.

ARTICLE 2.

Cet Officier fera une revue exacte du bataillon, par laquelle il constatera le nombre d'Officiers, Sous-officiers, Appointés, Chasseurs, Tambours & Musiciens dont il sera composé.

Le Commissaire des guerres fera aussi la sienne, si elle n'a déjà été faite, pour servir au payement dudit bataillon jusqu'au 31 mars 1791 inclusivement.

ARTICLE 3.

Ces revues faites, le Commandant du régiment fera porter en avant tous les Officiers; &, préalablement à toute autre opération, il annoncera auxdits Officiers que Sa Majesté accorde à ceux de tout grade qui désireroient ne pas conserver leur activité, d'obtenir leur retraite, si par l'ancienneté de leurs services ils en sont susceptibles, conformément au Décret du 22 août 1790, sur les pensions.

Que Sa Majesté veut bien permettre encore à ceux des Officiers qui, n'étant pas susceptibles de retraite, désireroient cependant renoncer à leur activité, de conserver, conformément au Décret du 29 octobre dernier, sur l'avancement & les remplacemens, leur droit à obtenir la Croix de Saint-Louis, pourvu qu'ils ayent au moins quinze ans de service effectif.

Les Officiers qui voudront profiter des présentes dispositions, le feront connoître aussitôt, & ne seront pas compris dans la nouvelle formation. Sa Majesté autorise en conséquence le Commandant dudit bataillon à adresser au Ministre de la guerre l'état de leurs services, pour leur faire expédier des brevets relatifs à leurs demandes, & à procéder à la nouvelle formation sans y comprendre lesdits Officiers.

ARTICLE 4.

Le Commandant du Corps ayant reçu les demandes des Officiers qui voudront profiter des dispositions de l'article précédent, procédera à la nouvelle formation, & constatera, en présence du Commissaire des guerres, d'après les contrôles du bataillon, le rang que les Capitaines restans tiennent entre eux dans ledit bataillon.

ARTICLE 5.

L'intention de Sa Majesté est que lesdits Capitaines conservent entre eux le rang qu'ils occupent actuellement dans leur bataillon, ainsi qu'il a été réglé lors de leur nomination à un emploi de Capitaine en second, sans qu'ils puissent se prévaloir du rang qu'ils devroient occuper s'ils n'avoient pas éprouvé de retard dans leur avancement au grade de Capitaine, ni que ceux desdits Officiers qui n'auroient pris rang que de la date de leur nomination à un emploi de Capitaine en second, puissent rappeler de la date antérieure de leur commission de Capitaine, soit comme remplacement, à la suite ou autrement; la date de ces commissions ne pouvant (si elle ne leur a pas déjà servi pour prendre rang dans le bataillon) leur donner d'autre droit que celui de prendre rang dans la colonne des Capitaines de leur arme pour leur avancement aux emplois supérieurs.

ARTICLE 6.

Il constatera aussi le rang que les Quartier-maître,

Lieutenans & Sous-lieutenans, ci-devant dits de fortune, devront tenir dans la colonne des Lieutenans & Sous-lieutenans, comme s'ils avoient suivi leur avancement à ces grades, suivant la date de leur premier brevet d'Officier dans le bataillon.

ARTICLE 7.

Si parmi les Lieutenans, Sous-lieutenans & Quartier-maître, il s'en trouvoit qui eussent occupé des places d'Adjudant, ils ne pourront prendre rang, de l'époque de leur nomination à la place d'Adjudant, qu'autant qu'ils feront dans le cas de profiter du droit accordé aux Adjudans, en 1784 & 1788, de prendre rang, de la même date, parmi les Officiers, & immédiatement avant les Sous-officiers qui, quoique moins anciens qu'eux dans ces grades, auroient été nommés avant eux au grade d'Officier.

ARTICLE 8.

Il en sera de même pour celui qui occupe en ce moment la place d'Adjudant, & il ne pourra prendre date pour concourir à son avancement à la lieutenance, ainsi qu'il est accordé aux Adjudans, par l'article 18 du titre premier du Décret du 29 octobre dernier, sur l'avancement, que dudit jour, à moins qu'il ne se trouve des Officiers qui, à l'époque où ils ont passé du grade de Sous-officier à celui d'Officier, étoient moins anciens dans le premier grade que l'Adjudant; dans ce cas, ledit Adjudant datera pour son avancement à la lieutenance, de l'époque où ces Sous-officiers ont été faits Officiers, & il jouira, du jour de la nouvelle formation, des appointemens de Sous-lieutenant. Le Commissaire des guerres le comprendra en conséquence dans sa revue.

ARTICLE 9.

Les Officiers qui ont passé par l'emploi d'Adjudant, & y ont obtenu des brevets d'Officiers, dateront de ces brevets pour leur avancement à la lieutenance; les Adjudans actuels qui ont obtenu de semblables brevets, en dateront également pour leur avancement à la lieutenance.

ARTICLE 10.

Tous brevets de Lieutenant ou de Sous-lieutenant, obtenus aux écoles militaires, ou en vertu de services dans les Troupes provinciales, dans les Gardes-côtes, dans les Corps de la Maison du Roi, la Gendarmerie, ou enfin à la suite de quelque Corps que ce soit, ne pourront servir pour le rang, mais pour la Croix de Saint-Louis & la retraite seulement.

ARTICLE 11.

Quoique le rang de chaque Officier doive être constaté, ainsi qu'il vient d'être prescrit par les articles précédens, veut néamoins Sa Majesté que les Sous-lieutenans indistinctement qui se trouveroient, par cette nouvelle fixation de rang, plus anciens de service d'Officier que des Lieutenans, ne puissent, dans la nouvelle formation, être nommés à des lieutenances, de préférence à ceux qui en font déjà pourvus. Lefdits Sous-lieutenans ne pouvant prétendre à prendre rang parmi les Lieutenans, en raifon de la date de leur premier brevet, que lorfque, par le rang qui leur fera affigné parmi les Sous-lieutenans, ils fe trouveront dans le cas de paffer à une Lieutenance.

ARTICLE 12.

Les Quartier-maîtres devant à l'avenir parvenir, à leur tour d'ancienneté, à tous les grades fans cependant pouvoir prendre d'emplois actifs de ces grades, Sa Majefté veut bien néanmoins, pour le moment de la nouvelle formation, accorder aux Quartier-maîtres actuels la liberté de conferver leurs places de Quartier-maître, ou de prendre, fuivant leur rang, un emploi du grade dont ils font pourvus; ceux qui ont la commiffion de Capitaine ne pouvant cependant prendre d'emploi que du grade de Lieutenant, & parvenir aux commandement d'une compagnie, que lorfque leur tour d'ancienneté les y portera, ainfi qu'il eft prefcrit pour les Lieutenans avec commiffion de Capitaine, par le Décret du 29 octobre dernier, fur l'avancement militaire, titre premier du remplacement, article 9. Entend Sa Majefté que la liberté d'opter, laiffée aux Quartier-maîtres, ne puiffe avoir lieu qu'à l'inftant de la nouvelle formation, & que ceux qui refteront pourvus defdites places, ou qui à l'avenir y feront nommés, reftent dans la place de Quartier-maître, quelque grade qu'ils obtiennent par leur ancienneté.

ARTICLE 13.

Le Quartier-maître pourvu de la commiffion de

Capitaine, & qui confervera fa place de Quartier-maître, jouira, du jour de la nouvelle formation, des appointemens affectés à la claffe de Capitaine, dont il fera conftaté qu'il doit faire partie, de la date de fa commiffion de Capitaine, & le Commiffaire des guerres le comprendra en conféquence dans fes revues.

ARTICLE 14.

Le Commandant du bataillon ayant vérifié & arrêté le rang que les Officiers doivent tenir entre eux, ainfi qu'il vient d'être prefcrit, défignera les huit plus anciens Capitaines pour paffer au commandement des huit compagnies.

ARTICLE 15.

L'Officier qui devra paffer à la place d'Adjudant-major, créée par le règlement de nouvelle formation, fera pris parmi les Lieutenans ou Sous-lieutenans, au choix du premier Lieutenant-colonel; & dans le cas où celui-ci feroit abfent, le Commandant admettra à cet emploi, le fujet que le premier Lieutenant-colonel aura choifi pour l'occuper.

ARTICLE 16.

Ce choix fait, il défignera les huit plus anciens Lieutenans, pour être placés en cette qualité aux compagnies.

ARTICLE 17.

Enfin, il défignera les Officiers qui devront paffer aux huit Sous-lieutenances.

ARTICLE 18.

Ces différentes opérations terminées, le Commandant procédera au dédoublement des quatre compagnies de Chasseurs; il exécutera ce dédoublement par compagnie, & aura attention de composer également d'anciens & de nouveaux Chasseurs les deux compagnies dédoublées, de manière qu'elles soient formées;

SAVOIR:

Chaque compagnie de Chasseurs.

I.re COMPAGNIE.	II.e COMPAGNIE.
Du Sergent-major.	
Des 1.er & 3.me Sergens.	Des 2.e & 4.e Sergens.
Des 1.er 3.e 5.e & 7.e Caporaux.	Des 2.e 4.e 6.e & 8.e Caporaux.
Des 1.er 3.e 5.e & 7.e Appointés.	Des 2.e 4.e 6.e & 8.e Appointés.
Du 1.er Tambour.	Du 2.e Tambour.
Des 1.er 3.e 5.e 7.e &c. Chasseurs, ainsi de suite de tous ceux qui, par leur ancienneté sur le contrôle, occuperont le nombre impair.	Des 2.e 4.e 6.e 8.e &c. Chasseurs, ainsi de suite de tous ceux qui, par leur ancienneté sur le contrôle, occuperont le nombre pair.

ARTICLE 19.

Les Sous-officiers, Appointés, Chasseurs & Tambours, qui se trouveront détachés, absens par congé ou aux hôpitaux, seront placés dans les compagnies suivant leur rang d'ancienneté, & conformément aux dispositions de l'article 18 ci-dessus.

ARTICLE 20.

Les hommes abfens par congé expiré depuis trois mois, à l'époque de la nouvelle formation, feront rayés des contrôles : veut bien néanmoins Sa Majefté, permettre que ceux defdits hommes qui juftifieroient par la fuite, par des certificats authentiques, de l'impoffibilité où ils auroient été de rejoindre, par caufe de maladie, foient rétablis fur les contrôles à leur rang d'ancienneté.

ARTICLE 21.

Quant aux Fourriers dont le grade eft fupprimé, ceux qui ne feront pas remplacés en qualité de Sergens-majors, conformément à l'article 26 de la préfente inftruction, feront le fervice de Sergens furnuméraires, à moins qu'ils ne préfèrent, & fur la demande du Capitaine de la compagnie à laquelle ils feront attachés, remplir, jufqu'à leur remplacement comme Sergens-majors ou comme Sergens, les fonctions de Caporal-fourrier, confervant d'ailleurs, dans ce cas, le rang, les marques diftinctives, les prérogatives & la paye de Sergent.

ARTICLE 22.

Le Commandant du bataillon ayant exécuté le dédoublement des compagnies, vérifié & arrêté le rang que devront tenir entre eux les Officiers, il fera prendre auxdits Officiers les places qu'ils devront occuper, fuivant leurs grades, dans lefdites compagnies, en obfervant, autant qu'il fera poffible, d'attacher aux mêmes compagnies les Officiers qui les commandoient déjà.

A 5

SAVOIR.

Le 1.er Capitaine, le 1.er Lieutenant, & le 1.er Sous-lieutenant resteront à la première compagnie dédoublée.

Le 2.e Capitaine, le 2.e Lieutenant & le 2.e Sous-lieutenant passeront à la seconde compagnie dédoublée.

ARTICLE 23.

Toutes les compagnies ainsi formées en Officiers, Sous-officiers, Appointés, Chasseurs & Tambours, le Commandant du bataillon placera lesdites compagnies dans le bataillon, suivant le rang que tiendront entre eux les Capitaines qui y seront attachés, conformément à l'ordre prescrit par le tableau, article 8 du Règlement en date de ce jour, concernant la formation des bataillons d'infanterie légère.

ARTICLE 24.

Il ordonnera ensuite la formation des compagnies en sections & escouades, suivant le tableau joint audit Règlement de formation.

ARTICLE 25.

Enfin, il fera la revue des Officiers & des Hommes attachés à l'État-major, conformément audit Règlement.

ARTICLE 26.

Les places de Sergens-majors qui se trouveront vacantes au moment de la nouvelle formation, seront notées vacantes, ainsi que celles de Caporaux-fourriers dans les compagnies où il n'exifteroit pas de Fourrier pour en remplir les fonctions, conformément aux difpofitions de l'art. 21 ci-deffus; & le Commandant ordonnera qu'il foit procédé à leur nomination immédiatement après la revue, conformément au Décret du 29 octobre dernier, fur le choix des Sous-officiers.

Quant aux autres places de Sous-officiers, l'intention de Sa Majefté eft qu'il ne foit procédé, d'après le mode prefcrit par ledit Décret, au remplacement de celles qui font ou pourront devenir vacantes, qu'autant qu'il n'exifteroit plus de furnuméraires dans le grade où il pourroit en vaquer fur la totalité du bataillon, lefdits furnuméraires devant être d'ailleurs remplacés par ancienneté.

Les premiers Chaffeurs - Carabiniers conferveront jufqu'à leur extinction, ou qu'ils ayent été promus à une place d'Appointé ou de Caporal, les fix deniers dont ils jouiffent en fus de la folde actuelle.

ARTICLE 27.

A compter du jour de la nouvelle formation, la paye accordée à deux enfans de Sous-officiers ou Soldats par chaque compagnie, fera fupprimée. Veut bien néanmoins Sa Majefté conferver ladite paye aux enfans qui en jouiffent dans ce moment, mais ils feront répartis avec égalité dans les compagnies, & feront nombre dans le total du complet; & à mefure qu'ils laifferont des places vacantes, ils ne devront plus être remplacés que par des hommes de recrue.

Les enfans ainfi confervés, feront libres, à l'âge de 16

ans, s'ils ont la taille prescrite, de contracter un engagement de 8 ans, pour lequel ils recevront le prix fixé par le Règlement sur le recrutement; mais, à défaut de cet engagement, ils cesseront de jouir de la paye, & ne seront plus compris sur les contrôles.

ARTICLE 28.

A compter du jour de la nouvelle formation, les quatre ouvriers Corses attachés à chacune des compagnies des deux bataillons de Chasseurs-Corses, seront réformés, & ils seront libres de continuer leurs services comme chasseurs, s'ils le préfèrent.

A dater de la même époque, la somme de quinze cents livres affectée annuellement aux dépenses de route ou d'apprentissage desdits ouvriers, cessera d'avoir lieu, devant être néanmoins pourvu, ainsi qu'il a été pratiqué jusqu'à présent, aux frais de route de ceux desdits ouvriers qui préféreront retourner chez eux, à continuer leurs services comme Chasseurs.

Les quatre Musiciens attachés à chacun des bataillons de Chasseurs seront également réformés, à dater du jour de la nouvelle formation.

ARTICLE 29.

Si, au moment de la nouvelle formation, il se trouvoit des emplois d'Officiers vaçans, le Commandant du bataillon en instruira le Ministre de la guerre, pour qu'il pourvoie aussitôt à leur remplacement, & il lui adressera les extraits mortuaires ou démiffions des Officiers qui auroient laiffé lefdites places vacantes, lefquels devront être remplacés ainfi qu'il fuit :

ARTICLE 30.

Sur quatre places de Sous-lieutenans vacantes, la première devra être donné à un Sous-officier, en commençant par le tour d'ancienneté; les trois autres à des Cadets gentilshommes, en fe conformant au furplus à l'article 3 du titre 2 du Décret du 29 octobre dernier, fur l'avancement.

ARTICLE 31.

Aux places de Lieutenans vacantes, le Commandant du bataillon défignera les Sous-lieutenans fuivant leur ancienneté.

ARTICLE 32.

Aux emplois de Capitaine vacans, il défignera les Lieutenans fuivant leur ancienneté.

Les Officiers réformés en 1788, du régiment royal-Corfe, & qui ont été confervés comme furnuméraires jufqu'à leur remplacement dans leurs grades, à la fuite des deux Bataillons de Chaffeurs-Corfes, continueront de refter attachés auxdits Bataillons, & y feront remplacés aux première places vacantes de leur grade; les difpofitions préfentées par les articles 29, 30 & 31, ne devant avoir lieu pour ces deux Bataillons, qu'après le remplacement defdits Officiers.

ARTICLE 33.

Quant à la place de Quartier-maître, si elle est laissée vacante, le Commandant du bataillon fera procéder, immédiatement après la nouvelle formation, à son remplacement par le Conseil d'Administration, conformément aux articles 9 & 10 du titre 2 du Décret du 29 octobre dernier, sur l'avancement militaire.

ARTICLE 34.

Si, au moment de la nouvelle formation, le bataillon se trouvoit au-dessus du complet prescrit par ladite formation, l'intention de Sa Majesté est qu'il soit congédié sur le champ autant d'hommes qu'il y auroit de soldats excédans, & le Commandant y procédera en congédiant les hommes hors d'état de servir par infirmité ou défaut de taille, auxquels, après avoir constaté leur état, il fera expédier des cartouches; ces hommes ainsi réformés, seront rayés des contrôles le jour même de la présente formation.

ARTICLE 35.

Il se fera en outre représenter les hommes qui seront susceptibles, par leur ancienneté & l'espèce de leurs services, d'avoir les invalides ou la pension de récompense militaire, & il en fera passer l'état au Ministre de la guerre.

ARTICLE 36.

Ces différentes opérations terminées, le Commandant fera une seconde revue.

Le Commiffaire des guerres fera auffi la fienne pour fervir, à compter du 1.ᵉʳ avril 1791, au nouvel état d'appointemens & folde, portés dans le Règlement de la nouvelle formation concernant les bataillons d'infanterie légère; & il conftatera en outre la nouvelle compofition du bataillon par un procès-verbal, dont il adreffera un double au Miniftre de la guerre & un au Tréforier.

ARTICLE 37.

Lefdites revues étant paffées, le Commandant fera rentrer le bataillon dans fes quartiers, & fera affembler le Confeil d'Adminiftration pour arrêter en préfence du Commiffaire des guerres les maffes, & figner les différens regiftres, ainfi que le bordereau de la Caiffe.

ARTICLE 38.

Le Commandant du bataillon rendra compte de ces opérations au Miniftre de la guerre, auffitôt après leur exécution, & il joindra à ce compte, 1.° deux expéditions du livret de revue de la nouvelle formation, dans la forme prefcrite par le modèle ci-joint, N.° 6.

2.° Une expédition des états compris fous les N.ᵒˢ 1, 2, 3, 4, 5, 7, 8, 10, 11, 12 & 14 conformes aux modèles ci-joints.

3.° Le bordereau général des finances, qui comprendra, d'une part, les objets dont la Caiffe doit compte pour chaque maffe en particulier, & de l'autre ce qui les repréfente; ce bordereau devra être rédigé dans la forme prefcrite par le modèle ci-joint, N.° 9.

ARTICLE 39.

L'ordre de la comptabilité exigeant la féparation totale de la comptabilité de 1790, de celle de 1791, ainfi que celle de l'ancienne formation d'avec la nouvelle, Sa Majefté a prefcrit les difpofitions ci-après pour fervir de bafes aux revues des Commiffaires des guerres.

1.° Les Officiers abfens par femeftre ou par congé, avec appointemens, qui prendront leur retraite, feront rappelés fur un état en forme de revue de leurs appointemens fur l'ancien pied, depuis l'époque de leur départ, jufqu'au jour de la nouvelle formation exclufivement.

2.° Les Officiers préfens au corps qui prendront leur retraite, feront portés fur le même état pour être payés de leurs appointemens fur l'ancien pied, depuis le 1.er avril jufqu'au jour de la nouvelle formation exclufivement.

3.° Les Sous-officiers, Muficiens, Ouvriers & Chaffeurs qui feroient réformés, & ne feroient pas compris dans la nouvelle formation, en vertu des difpofitions des articles 28 & 34 de la préfente inftruction, feront portés fur le même état, pour être payés du 1.er avril jufqu'au jour de la nouvelle formation exclufivement.

Cet état certifié par le confeil d'Adminiftration, fera vérifié par le Commiffaire des guerres & ordonnancé par le Commiffaire ordonnateur.

4.° L'Affemblée Nationale ayant décrété que les nouveaux appointemens devoient courir pour toute l'armée à compter du 1.er janvier 1791, les Officiers de tous grades, qui, par la nouvelle formation, feront confervés dans leur grade actuel, devront être rappelés fur la revue de juin, du 1.ᵉʳ janvier au 31 mars, de la différence qui exifte entre leurs appointemens & fourrages anciens & les nouveaux. Les Majors devant être regardés à cet égard, comme Lieutenans-colonels de 2.ᵉ claffe.

5.° A l'égard des Officiers qui, par une fuite de la nouvelle formation, feront défignés pour paffer d'un grade inférieur à un fupérieur, ils ne devront être payés des appointemens attribués à leur nouveau grade, que de la date du brevet qui les mettra en activité dans ces grades, & feront compris fur la revue pour être payés jufqu'audit jour des appointemens de leur grade actuel.

6.° Les Officiers actuellement abfens par femeftre ou congé, avec appointemens, qui feront compris dans la nouvelle formation, feront rappelés de leurs appointemens à mefure qu'ils rejoindront, mais fur deux revues diftinctes; l'une, par fupplément aux revues de 1790, qui comprendra leurs appointemens, de l'époque de leur départ jufqu'au 31 décembre 1790; & l'autre qui fera la revue de fubfiftance, les rappellera du 1.ᵉʳ janvier 1791, de manière à féparer entièrement la comptabilité de 1790 de celle de 1791.

7.° Les Adjudans qui feront dans le cas de jouir des appointemens de Sous-lieutenant, feront auffi rappelés, du 1.ᵉʳ janvier 1791, au 31 mars, du fupplément qui leur eft accordé par l'article 19 du Décret du 29 octobre, fur l'avancement.

8.° La nouvelle formation de l'Infanterie légère devant avoir fon exécution du 1.ᵉʳ avril 1791, les Sous-officiers, Appointés, Chaffeurs & Tambours, qui, par la nouvelle formation, entreront en activité dans ces grades, jouiront, à compter du 1.er avril 1791, de la solde fixée à chacun.

9.° Les hommes morts, désertés ou congédiés dans l'intervalle du 1.er avril jusqu'au jour de la formation, devront être portés pour mémoire sur le procès-verbal de formation, pour être rappelés sur la revue de juin, du 1.er avril jusqu'au jour de leur mort ou départ inclusivement.

10.° Les Sous-officiers & Chasseurs absens par congé, ne seront compris sur les revues comme présens, que jusqu'au 31 mars 1791, & la solde qui leur sera due à cette époque, sera mise en réserve dans la Caisse de chaque régiment, pour leur être payée à mesure de leur rentrée au corps : à cet effet, le montant de ladite solde sera constaté par un état nominatif dans la forme du modèle N.° 13, ainsi que son existence à la Caisse, & il en sera fait mention dans le procès verbal.

11.° A compter du 1.er avril 1791, les Sous-officiers & Chasseurs absens par congé, ou aux hôpitaux externes, cesseront d'être passés présens sur les revues des Commissaires des guerres, pour n'être rappelés de leur solde que lorsqu'ils auront rejoint le corps ; savoir, ceux actuellement absens, du 1.er avril 1791, & ceux qui s'absenteront à l'avenir, du jour de leur départ.

Fait à Paris, le 1.er avril 1791. Signé LOUIS, Et plus bas, DUPORTAIL.

A PARIS, DE L'IMPRIMERIE ROYALE, 1791.